BEI GRIN MACHT SICH IHR
WISSEN BEZAHLT

Bibliografische Information der Deutschen Nationalbibliothek:

Die Deutsche Bibliothek verzeichnet diese Publikation in der Deutschen National-
bibliografie; detaillierte bibliografische Daten sind im Internet über http://dnb.d-
nb.de/ abrufbar.

Dieses Werk sowie alle darin enthaltenen einzelnen Beiträge und Abbildungen
sind urheberrechtlich geschützt. Jede Verwertung, die nicht ausdrücklich vom
Urheberrechtsschutz zugelassen ist, bedarf der vorherigen Zustimmung des Verla-
ges. Das gilt insbesondere für Vervielfältigungen, Bearbeitungen, Übersetzungen,
Mikroverfilmungen, Auswertungen durch Datenbanken und für die Einspeicherung
und Verarbeitung in elektronische Systeme. Alle Rechte, auch die des auszugsweisen
Nachdrucks, der fotomechanischen Wiedergabe (einschließlich Mikrokopie) sowie
der Auswertung durch Datenbanken oder ähnliche Einrichtungen, vorbehalten.

Impressum:

Copyright © 2016 GRIN Verlag, Open Publishing GmbH
Druck und Bindung: Books on Demand GmbH, Norderstedt Germany
ISBN: 9783668321953

Dieses Buch bei GRIN:

http://www.grin.com/de/e-book/342975/die-schlacht-um-stalingrad-wendepunkt-
des-krieges

Florian Wolf

Aus der Reihe: e-fellows.net stipendiaten-wissen

e-fellows.net (Hrsg.)

Band 2163

Die Schlacht um Stalingrad. Wendepunkt des Krieges?

GRIN Verlag

GRIN - Your knowledge has value

Der GRIN Verlag publiziert seit 1998 wissenschaftliche Arbeiten von Studenten, Hochschullehrern und anderen Akademikern als eBook und gedrucktes Buch. Die Verlagswebsite www.grin.com ist die ideale Plattform zur Veröffentlichung von Hausarbeiten, Abschlussarbeiten, wissenschaftlichen Aufsätzen, Dissertationen und Fachbüchern.

Besuchen Sie uns im Internet:

http://www.grin.com/

http://www.facebook.com/grincom

http://www.twitter.com/grin_com

Die Schlacht um Stalingrad – Wendepunkt des Krieges?

GYMNASIUM AM ROMÄUSRING

GFS IM FACH GESCHICHTE

KURSSTUFE 2

Schüler: Florian Wolf

Abgabedatum: 22. September 2016

„In weiterem Umkreis streichen Gestalten herum wie Schakale. Das sind die Zerschossenen, Verhungernden, Erfrierenden, die nirgends bis zu einem Arzt vordringen konnten, denen das Glück keinen Berechtigungsschein in die Hand gespielt hat, und die doch noch hoffen. Und Körper liegen im Schnee. Nicht alle sind sie tot.(...) Man wollte die Wirklichkeit nicht mehr sehen – und man sah sie nicht mehr. Wie der Erfrierende, wohl wissend, dass schon der eisige Tod ihn umklammert, dennoch in lähmenden Bildern erträumten Glücks dahindämmert, so berauschten sich die Dreihunderttausend, ausgezehrt, von Kälte zerfressen, verraten und verlassen, an phantastischen Überschätzungen der eigenen Kräfte und Möglichkeiten (...). Über dem grausigen Geschehen in Stalingrad spannte sich eine spukhafte Welt schillernder Träume, Hoffnungen und Wünsche, die jede Tatkraft lähmte."

Heinrich Gerlach [36, S. 411 und S.221]

Inhaltsverzeichnis

1 Abbildungsverzeichnis

2 Grundlagen

2.1 Der Friedensvertrag von Versailles

Als am 18. Januar 1871 der Deutsch-Französische Krieg mit einem deutschen Sieg endete, wurde im Spiegelsaal von Versailles der preußische König Wilhelm I. zum deutschen Kaiser ausgerufen.[50, Vgl. S. 184][14, Vgl.]

48 Jahre später, nach dem Ende des Ersten Weltkrieges und der Niederlage des deutschen Kaiserreichs, verhandeln die Siegermächte ohne den Verlierer über den Friedensvertrag. Zu den Siegermächten gehörten 32 Staaten, wie zum Beispiel die USA, Frankreich, Italien, das Vereinigte Königreich und Japen, die wiederum den Rat der Großmächte bilden, welcher die Entscheidungen getroffen hat. Datum und Ort wurden bewusst gewählt, um das deutsche Kaiserreich nach seiner Niederlage zu demütigen.[50, Vgl. S. 232]

Die Großmächte hatten dabei verschiedene Interessen. Frankreich wollte vor allem die "größtmögliche Schwächung des deutschen Kaiserreichs durch Gebietsabtretungen, wirtschaftliche und militärische Beeinträchtigung".[50, S. 232] Die USA und das Vereinigte Königreich wollten den europäische Kontinent besonders vor der russischen Revolution schützen, weshalb die Sicherheitsfrage Frankreichs vorerst hintergründig war. Japan und Italien schieden aus unterschiedlichen Gründen aus der Konferenz des Obersten Rats der Großmächte aus.[13, Vgl.][50, Vgl. S. 232 ff.]

Am 28. Juni 1919 wurde der Vertrag vom Deutschen Kaiserreich unter Protest unterzeichnet und beinhaltete:

Kriegsschuldartikel Deutschland und seine Verbündeten sind die alleinigen Verursacher des Krieges und damit verantwortlich für die Schäden der Alliierten.[50, Vgl. S. 233 ff.][12, 34, Vgl.]

Territoriale Bestimmung Deutschland muss Gebietsabtretungen verrichten, insbesondere an Frankreich und Polen. Damit büßte Deutschland circa 13% seines Staatsgebietes und 14 % seiner Bevölkerung ein. Elsass-Lothringen ging beispielsweise zurück an Frankreich und Polen wurde wieder selbstständig.

Dadurch gingen viele Rohstofflager und Industriegebiete verloren, so zum Beispiel 80 % der Eisenerzvorkommen, 63% der Zinkvorkommen und 40% der Hochöfen. Außerdem noch 15% der landwirtschaftlichen Nutzfläche und 12% des Viehbestandes.[50, Vgl. S. 233 ff.][12, 34, Vgl.]

Entmilitarisierung Der Besitz von schweren Waffen und Luftstreitkräften war verboten, 90% der Handelsflotte musste abgegeben werden, die westliche Rheinseite wurde besetzt und entmilitarisiert, der Anschluss Österreichs wurde untersagt und die Stärke des Heeres auf 100 000 Berufssoldaten und 15 000 Marinesoldaten begrenzt. Zudem wurde eine Militärkommission eingerichtet, die die Einhaltung der Vorschriften überwachen sollte.[50, Vgl. S. 233 ff.][12, 34, Vgl.]

Reperationszahlungen Zusätzlich zu den territorial bedingten Verlusten, mussten Reperationszahlungen in Form von Geld und geförderten Rohstoffen an die Siegermächte geleistet werden.[50, Vgl. S. 233 ff.][12, 34, Vgl.]

Völkerbund Die Bildung des Völkerbundes am 10. Januar 1920 stand zwar nicht direkt im Vertrag, wurde aber durch den Versailler Friedensvertrag impliziert.[55, Vgl.]

Der Versailler Friedensvertrag hatte langfristige Folgen. Die Grundproblematik bestand aus zwei Kernelementen. Zum einen wollten die Siegermächte die Wilson'sche Ideale der Selbstbestimmung der Völker und die territoriale Übereinstimmung zwischen Volk und Staat umsetzen, zum anderen hatten einige Staaten, so zum Beispiel Frankreich, die Absicht Deutschland so extrem wie nur möglich zu schädigen um Kriege dieser Art in Zukunft zu präventieren.[13, Vgl.][50, Vgl. S. 234 ff.]

Die Bedingungen waren dadurch extrem drastisch. Durch das Abtreten der nahezu gesamten Handelsflotte und die hohen Reperationskosten wurden die Schwerindustrie und der (Außen-) Handel stark geschwächt, die Wirtschaftskraft war sehr gering und die Landwirtschaft konnte die Abgaben vorerst nicht kompensieren. Die Vertragsanerkennung war deshalb für eine politische und wirtschaftliche Großmacht wie Deutschland auf Dauer nicht tragbar.[50, Vgl. S. 234 ff.][19, Vgl.] Dadurch entstand das Bild der Versailler Diktatur und es herrschte ein nationaler Konsens gegen den Vertrag, was die Entstehung der Dolchstoßlegende[1] begünstigte.

Paradoxerweise wurde Deutschland trotz der harten Bedingungen mächtig genug gelassen, sodass 20 Jahre später Revanche–Gedanken aufkommen konnten. Deutschland wurde auf Dauer also nicht entmachtet und der Friedensvertrag von Versailles ist gescheitert.

Aufgrund dieser großen Disparitäten und Veränderungen sehen manche Historiker im Versailler Friedensvertrag eine Mitursache für den Aufstieg des Nationalsozialistischen Regimes.[19, Vgl.]

2.2 Hitlers Machtübernahme

Der Unmut der Bevölkerung durch den Versailler Friedensvertrag blieb noch jahrelang bestehen. Das bot der Nationalsozialistischen Deutschen Arbeiterpartei (NSDAP) die Möglichkeit mit extremen und radikalen Ansichten die Bevölkerung zu ködern, da sich diese vor allem politische und ökonomische Stabilität wünschte. Die NSDAP begann Rachegelüste gegen die Siegermächte und die Demütigung zu schüren.[19, Vgl.]

Durch die hohen Reperationskosten kam es in Deutschland zu einer Inflation und die Bevölkerung verlor ihr Vertrauen in die Regierung. Die Propaganda einer »legalen Diktatur« und der Putschversuch der NSDAP blieben allerdings erfolglos. Aufgrund dessen musste Adolf Hitler für mehrere Jahre ins Gefängnis, wo er sein Buch *Mein Kampf* schrieb. In diesem politisch-ideologischen Werk beschreibt er die Führung durch das NS–Regime und die Hetze gegen die Juden und andere Völkergruppen. Das Buch ist die zentrale Quelle des Nationalsozialismus.[50, Vgl. S. 260][38, Vgl.]

Mit der Währungsreform 1923 konnte für kurze Zeit ökonomische Stabilität geschaffen werden, bis sich am *Schwarzen Donnerstag* (aufgrund der Zeitverschiebung Schwarzer Freitag in Europa) der folgenschwerste Börsencrash aller Zeiten ereignete.[2] Das löste eine tiefgreifende Staatskrise in Deutschland aus und Parteien wie die NSDAP nutzten dies für ihre antidemokratische Propaganda.[50, Vgl. S. 260 ff.]

Die NSDAP, mit ihrem Vorsitzenden Adolf Hitler[3], profitierte von der ökonomischen Not und Unsicherheit und konnte so 15% mehr Stimmen gewinnen. Damit war sie nach der SPD die zweit stärkste Fraktion im Reichstag.

---

[1]Die Dolchstoßlegende war eine Verschwörungstheorie, die von der Oberen Herleitung nach der Niederlage im Ersten Weltkrieg propagandiert wurde. Damit versuchten sie die Schuld an der Niederlage auf die Sozialdemokraten und andere demokratische Politiker abzuwälzen, da das deutsche Kaiserreich auf dem Schlachtfeld militärisch gewonnen habe, aber durch Feinde von innen verraten worden sei. Antisemiten verknüpften diese Theorie zusätzlich noch mit dem internationalen Judentum. Beim Aufstieg des Nationalsozialismus spielt die Dolchstoßlegende eine wichtige Rolle und Adolf Hitler greift sie unteranderem in seinem Buch *Mein Kampf* auf. Diese bewusste Lüge wurde vom NS–Regime als Propagandamaterial gegen den Versailler Friedensvertrag benutzt.[54, Vgl.]

[2]Am 24. Oktober erlitt die Börse in New York einen kompletten Einbruch der Kurse, nachdem die Anleger in Panik geraten sind und deshalb versuchten alle Aktien zu verkaufen. Da keine Käufe mehr getätigt wurden fielen die Kurse sehr stark. Die Kredite waren nicht mehr gedeckt und die Aktien wurden extrem billig verkauft, da die Banken ihr Geld zurück wollten.[9, Vgl.]

[3]Vorsitzender der NSDAP von 1921–1945

Die Partei konnte ihre Bedeutung auf Regierungs– und Volksebene weiter steigern. Mit dem Wiederaufleben der Niederlage, der Demütigung und der Dolchstoßlegende trieb sie den Kampf gegen den Versailler Vertrag weiter voran.[50, Vgl. S. 261] Außerdem propagandierte die NSDAP den Antisemitismus und machte die Juden für die Krise verantwortlich, um zum einen die Sünden auf sie abzuladen und zum anderen das nationale Zusammengehörigkeitsgefühl zu stärken. Hitler wurde als Rächer des deutschen Volkes dargestellt.

Am 6. November 1932 sicherte sich die NSDAP mit 33,1% der Stimmen die Mehrheit im Reichstag und am 30. Januar 1933 wurde Hitler durch Paul von Hindenburg zum Reichspräsidenten ernannt.[50, Vgl. S. 261 ff.][19, Vgl.]

2.3 Der Weg zum 2. Weltkrieg

2.3.1 Innenpolitik

1933 lässt Hitler bewusst die Koalitionsverhandlungen scheitern und den Reichstag auflösen. Dadurch kommt es im März zu Neuwahlen, bei denen die NSDAP die parlamentarische Mehrheit anstrebt. Von Beginn an verfolgt Hitler die Zerstörung der Demokratie als großes Ziel.[50, Vgl. S. 276–277][18, 15, 42, Vgl.]

Die *Verordnungen zum Schutze des deutschen Volkes*, eigentlich gedacht um Gefahr abzuwehren, helfen Hitler und seiner Partei oppositionelle Versammlungen und Zeitungen zu verbieten und mundtot zu machen.[18, 15, Vgl.]

Als am 27. Februar der Reichstag brennt können die *Verordnungen zum Schutze des deutschen Volkes* nochmals verschärft werden und so wird am 28. Februar wird die Reichstagsbrandverordnung[4] verabschiedet. Der Ausnahmezustand[5] gibt Hitler die Möglichkeit die Grundrechte außer Kraft zu setzen. Das war ein uneingeschränkter und unbefristeter Freibrief zum Ausbau der geplanten Diktatur, da man Gegner nun leicht beseitigen konnte. Es gab massenhaft Verhaftungen ohne Beweise oder Anklage, die Presse– und Meinungsfreiheit war stark eingeschränkt und jeder, der öffentliche Kritik ausübte wurde sofort festgenommen.[50, Vgl. S. 277] Die Sturmabteilung (SA) und die Schutzstaffel (SS) verhafteten zu dieser Zeit über 100 000 Gegner.[42, Vgl.]

Mit dem Krieg als großes Ziel mussten riesige finanzielle Mittel geschaffen werden. Dafür wurden Juden von Beginn an vertrieben und ausgeschlossen, um sich bei einer Auswanderung 25% von deren Besitz zu beschaffen. Später wurde dann der staatlich gelenkte Raub gegenüber Juden vorangetrieben.[15, Vgl.]

Am 5. März 1933 gewann die NSDAP die absolute Mehrheit, wodurch die Gleichschaltung nun sukzessiv vorangetrieben werden konnte.

- Zuerst wurde der Föderalismus beseitigt, indem die Länder gleichgeschaltet wurden. Es gab keine Selbstverwaltungsrechte mehr und der Staat wurde zentral durch die Reichsregierung beziehungsweise die NSDAP geleitet.[22, Vgl.]

- Das politische, kulturelle und ökonomische Leben im NS–Staat wurde kontrolliert, überwacht[6] und nach NS–Vorstellungen reorganisiert.[18, Vgl.]

- Die demokratischen Grundsätze wichen dem Führerprinzip und antisemitische Grundsätze wurden implementiert.

- Das Individuum wich der Gleichsetzung und Vereinheitlichung der Masse, wodurch persönliche Freiheiten verloren gingen.[4, Vgl.]

---

[4]Auch bekannt als *Notverordnungen zum Schutze des deutschen Volkes*.
[5]Der Ausnahmezustand dauerte bis 1945 an.
[6]Hierzu dienten unteranderem die SA, SS und die Gestapo.

- Gegner werden systematisch überwacht, festgenommen und in den neueingerichteten KZ's hingerichtet.

Durch das *Ermächtigungsgesetz* vom 24. März 1933 konnte das parlamentarisch–demokratische System endgültig beseitigt werden, da die Gewaltenteilung zwischen Exekutive und Legislative aufgehoben wurde. Die NSDAP ist nun die Staatspartei und andere Parteien und Gewerkschaften werden verboten, eingeschüchtert oder lösen sich selbst auf.[50, Vgl. S. 278 ff.]

Durch den Tod Hindenburgs 1934 wird Hitler auch Reichspräsident. Er nennt sich nun *Führer und Reichskanzler* und als neuer Oberbefehlshaber ist die Wehrmacht auf ihn vereidigt. Das war bisher nicht der Fall.[37, Vgl.]

2.3.1.1 Wirtschaftspolitik

Um die finanzielle Belastung durch den geplanten Krieg stemmen zu können musste Hitler die Wirtschaftspolitik anpassen. Er führte die Wehrpflicht wieder ein und sorgte mit der Arbeitsplatzpflicht für eine sinkende Arbeitslosigkeit. Begünstigt wurden seine Veränderungen durch die Erholung der Weltwirtschaft 1932, weshalb der individuelle Konsum der deutschen Bevölkerung steigen konnte. Viele Deutsche genossen Vorteile durch den wirtschaftlichen Aufschwung und duldeten unteranderem deshalb Hitlers System.[50, Vgl. S. 306 ff.]

Mit der Wehrwirtschaft wurde das Wirtschaftsleben der Aufrüstung und der Autarkie unterworfen. Die (Groß–) Industrie konnte profitable Rüstungsgeschäfte mit dem Staat abschließen, genoss Steuerentlastungen und konnte sehr günstig Rohstoffe einkaufen. Die Verluste wurden durch die Staatskasse gedeckt.

Vor allem auf die Autarkie legte Hitler viel Wert, da im Ersten Weltkrieg die Anfälligkeit der deutschen Handelswege durch eine britische Seeblockade offenbart wurde. Außerdem wurde Deutschland durch Hitlers Außenpolitik stark abgekapselt.[48, Vgl.]

Am 28. Oktober 1936 gab Hitler seinen Vierjahresplan bekannt:

1.) Die deutsche Armee muss in vier Jahren einsatzfähig sein.

2.) Die deutsche Wirtschaft muss in vier Jahren kriegsfähig sein.[41, Vgl.]

Allgemein war die Wirtschaftspolitik weniger erfolgreich. 1937 waren nahezu alle Rohstoffvorräte aufgebraucht und die Verluste der Staatskasse explodierten (siehe S. 9).

Trotz des Anschluss Österreichs am 15. März 1938 und einer kompletten Absorption der Finanz– und Wirtschaftskraft, hielt die hohe Verschuldung und der Geldmangel an. Der Krieg wurde dadurch zu einer ökonomischen Notwendigkeit.

1939 begann Hitler frühzeitig den Krieg, um so besetzte Gebiete für die Deckung des Rüstungsbedarfs, der Versorgung der deutschen Bevölkerung und zur Schuldentilgung des Staates nutzen zu können.[45, 15, 4, Vgl.]

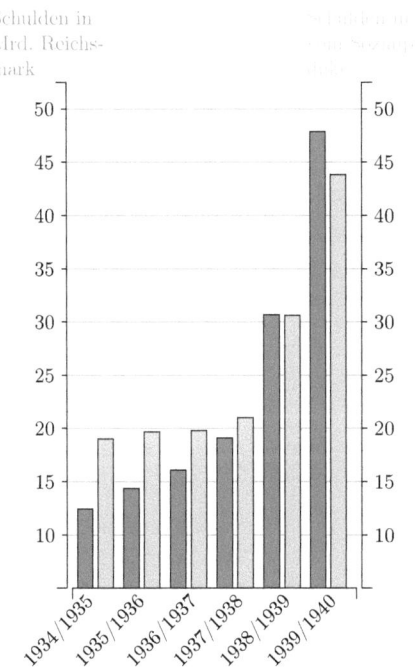

Abbildung 1: Die Verschuldung Deutschlands unter Adolf Hitler in Relation zum Sozialprodukt.[29, Datenquelle, Abbildung wurde selbst erstellt]

2.3.2 Außenpolitik

Bei seiner Außenpolitik verfolgte Hitler gleich mehrere Ziele: die Überwindung der politischen Isolation, die Revision des Versailler Vertrags, die Eroberung von Lebensraum im Osten und die Rückeroberung der verlorenen Gebiete aus dem Ersten Weltkrieg, die globale Vorherrschaft durch das Großdeutsche Reich als Weltmacht zusammen mit einer etablierten Wehrmacht, die rassische Neuordnung innerhalb Europas[7] und insbesondere die gezielte Verschleierung der innenpolitischen Kriegsvorbereitung und militärischen Aufrüstung[8].[50, Vgl. S. 310 ff.][23, 2, 44, Vgl.]

Als Deutschland 1933 aus dem Völkerbund austritt nimmt die außenpolitische Isolation zu. Hitler schließt mehrere Friedensverträge zur Tarnung ab. Zum Beispiel einen Nicht–Angriffspakt mit Polen (1934) oder das Deutsch–Britische Flottenabkommen (1935).[50, Vgl. S. 310–311]

Als die Wehrmacht im März 1936 im entmilitarisierten Rheinland einmarschiert wird dieser Feldzug als »Revisonspolitik« propagandiert. Deutschland strebe nach Gleichberechtigung und Selbstbestimmung, so hieß es. Im Rahmen von Hitlers Entspannungspolitik waren Staaten wie das Vereinigte Königreich sogar bereit Deutschland im Rahmen der Verträge begrenzt

---

[7]Hierbei ging es vor allem um die Vernichtung von Minderheiten wie Juden und Sinti und Roma, damit die arische Rasse aufgewertet wird.

[8]Dazu propagandierte Hitler öffentlich den Frieden und die »Erfüllungspolitik«, also die Fügung des Versailler Vertrags.

entgegenzukommen.[23, Vgl.]

1936 finden die inszenierten Friedensspiele im Rahmen von Olympia statt. Noch im selben Jahr wird das deutsch-italienische Bündnis, bekannt unter dem Namen *Achse Berlin Rom*, verabschiedet. 1937 schloss Hitler einen Pakt mit Japan gegen die Sowjetunion. Aus dem Vierjahresplan in den »Hoßbach–Protokollen«[9] geht hervor, dass Österreich und die Tschechoslowakei die ersten Ziele der Eroberung waren.[44, 2, Vgl.]

1938 findet dann der Anschluss Österreichs statt, dem Großbritannien zur Vermeidung eines weiteren Krieges zustimmt. Eine Volksabstimmung sollte den Anschluss legitimieren. Das war für Hitler ein Test, um zu überprüfen, wie die Westmächte auf Hitlers Expansionsziele reagieren.[50, Vgl. S. 312][23, Vgl.]

Die Rest–Tschechoslowakei wird, entgegen dem Münchner Abkommen, 1939 besetzt, da die Versorgung gewährleistet werden musste und sie eine strategische Voraussetzung für den Krieg darstellte.[2, Vgl.]

Nun werden Hitlers Ziele bekannt: die Eroberung nicht–deutscher Gebiete im Rahmen der Rassen– und Lebensraumideologie. Die Briten erkennen jetzt, dass Gegenmaßnahmen nötig sind und garantieren Polen die Unabhängigkeit. Der Versuch, ein Abkommen mit der Sowjetunion abzuschließen, scheitert, da Hitler ihnen zuvorkam. Der Hitler–Stalin–Pakt ist ein deutsch–sowjetischer Nichtangriffspakt mit einer zehnjährigen gegenseitigen Zusicherung von Neutralität im Kriegsfall. Das ermöglichte Deutschland den Angriff auf Polen, ohne in einen Zweifrontenkrieg zu geraten.[50, Vgl. S. 313 ff.][44, Vgl.]

Am 1. September 1939 begann mit dem deutschen Einmarsch in Polen der Zweite Weltkrieg, welcher der verheerendste Krieg des 20. Jahrhunderts war.[23, Vgl.]

---

[9]Die Hoßbach–Protokolle sind Notizen des Oberst Friedrich Hoßbach, welche am 5. November 1937 während eines mehrstündigen Monologs von Adolf Hitler angefertigt wurden. Darin erklärte Hitler den wichtigsten Vertretern der Wehrmacht seine außenpolitischen Expansionsziele. Diese Notizen gelten als zentrale Quelle für die Vorgeschichte des Zweiten Weltkrieges.

3 Verlauf des Zweiten Weltkrieges bis zur Schlacht um Stalingrad

3.1 Ziele Hitlers

Grundlegend lassen sich Hitlers Ziele in territoriale und ideologische Ziele unterteilen. Aus territorialer Sicht war der Ausbau von Deutschlands Fläche für mehr Lebensraum im Osten der wohl wichtigste Grund für Hitler einen Krieg zu beginnen. So konnte Nachschub für die deutsche Bevölkerung beschafft werden, Zwangsarbeiter für die Rüstungsindustrie gewonnen werden und die Plünderung von Rohstoffen und finanziellen Mitteln war möglich. Des Weiteren hatte Hitler den Plan, die Wehrmacht vollständig zu etablieren und Deutschland die Stellung einer Weltmacht zu verschaffen.[50, Vgl. S. 313 ff. und S. 324 ff.][45, 15, 4, Vgl.]

Ideologisch gesehen war für Hitler vor allem die Säuberung der Bevölkerung wichtig. So sollten im Kampf gegen den »jüdischen Bolschewismus« *alle* Juden vernichtet werden, unabhängig von Alter, Geschlecht oder anderen Merkmalen.[53, Vgl.] So kam es durch eine planmäßige Vernichtung in »Vernichtungslagern« zu einem, durch staatliche Autorität angeordneten, Völkermord an über sechs Millionen Juden. Auch Minderheiten wie Sinti und Roma, Kranke oder Behinderte wurden vernichtet oder für Experimente mit beispielsweise Krankheitserregern im Rahmen der »Rassenhygienischen Forschung« genutzt.[8, Vgl.] Das sollte den Aufbau der arischen (Herren-) Rasse vorantreiben, wofür unter anderem speziell errichtete Zuchthäuser genutzt wurden. [46, 39, Vgl.][50, Vgl. S. 324 ff. und S. 332 ff.]

Insbesondere aber sollte die absolute Diktatur durch das NS–Regime, basierend auf dem Führerprinzip, etabliert werden und schon in jungen Jahren in den Köpfe eines jeden einzelnen verinnerlicht sein.[10]

3.2 Kriegsausbruch

Obwohl die Generäle Hitlers 1938 einen frühzeitigen Krieg um jeden Preis verhindern wollten und sogar einen Trupp für einen möglichen Putsch bereitstellten, steht 1939 der Großteil der Bevölkerung hinter Hitlers Kriegsplänen.[15, Vgl.]

Am 1. September 1939 beginnt der Zweite Weltkrieg mit dem Blitzkrieg gegen Polen, der ohne jegliche Kriegserklärung stattfand. Die NS-Führung versuchte den Krieg als Verteidigungsaktion gegen einen politischen Überfall Polens zu tarnen, der wiederum von der SS inszeniert wurde.[50, Vgl. S. 317 ff.][1, Vgl.] Die Wehrmacht war der polnischen Armee in Bezug auf Agilität und Rüstungstechnik weit überlegen und vor allem das Zusammenspiel zwischen Luftwaffe und Heer sicherten den Erfolg im Kampf. Die deutsche Armee ging von Beginn an mit größter Brutalität vor. So ermordete die SS beispielsweise polnische Zivilisten und Kriegsgefangene.[11, Vgl.] Bereits Mitte September war die Wehrmacht bis zur deutsch-sowjetischen Interessenlinie vorgerückt. Diese Interessenlinie ergab sich aus einer geheimen Absprache im Hitler–Stalin–Pakt, in dem die Aufteilung Polens zwischen Deutschland und der Sowjetunion festgehalten ist.

Die sowjetischen Truppen stießen dann am 17. September durch die Ostgrenze ins Landesinnere von Polen vor. Polen hatte zu diesem Zeitpunkt keine Chance mehr den Krieg zu gewinnen und versuchte deshalb nur noch, so viel Widerstand wie möglich zu leisten.[50, Vgl. S. 317 ff.]

Mit der Aufteilung Polens wurden die Kampfhandlungen am 6. Oktober eingestellt. Aus deutscher Sicht war der Blitzkrieg überaus erfolgreich. Im Vergleich zu 120 000 Toten und 917 000 Kriegsgefangenen auf der polnischen Seite, sind die 10 600 Verluste und die 30 000 Verletzten sehr gering ausgefallen.[11, Vgl.]

Obwohl Frankreich und Großbritannien Polen Unterstützung zugesichert hatten, unternahmen sie nichts, außer einer Kriegserklärung gegenüber Deutschland am 3. September 1939. Das lag

---

[10]Hierfür wurden Institutionen wie die Hitlerjugend (HJ) oder der Bund Deutscher Mädel (BDM) gegründet.

daran, dass beide Staaten immer noch kriegsmüde waren und aus ihrer Sicht Deutschland die effektivste Eindämmung des sowjetischen Einflusses in Europa war.[50, Vgl. S. 317 ff.][1, Vgl.]

In den darauffolgenden Jahren wird Polen zum zentralen Ort der rassistisch motivierten Vernichtungspolitk Deutschlands, was millionenfache Ermordungen an Menschen auf deutsch besetzten polnischen Gebiet zur Folge hat.[1, Vgl.]

3.3 Kämpfe in Europa

3.3.1 Westfront

Von September 1939 bis Mai 1940 herrschte in Frankreich der »Sitzkrieg« vor, bei dem mehr als 20 Divisionen untätig in Bunkern saßen und nicht eingreifen durften, da die Großmächte Frankreich und Großbritannien auf den Erfolg der Wirtschaftsblockade gegen Deutschland setzten. Außerdem lehnten beide Staaten ein Friedensangebot von Deutschland ab.[50, Vgl. S. 317 ff.][11, Vgl.]

1940 wurde der Krieg dann auf Nord– und auf Westeuropa ausgeweitet. Mit dem Angriff auf Norwegen am 9. April 1940 und der Besetzung Dänemarks wollte Hitler die Besetzung Norwegens durch Großbritannien verhindern. Dabei ging es vor allem um eine strategische Position für den Krieg gegen Großbritannien und um die wertvollen Erzlager in Schweden. Dänemark war vor allem für die Nachschubwege wichtig und unterlag der deutschen Wehrmacht klar, weshalb es zu einer schnellen Kapitulation kam. Norwegen hingegen leistete erbitterten Widerstand und die Wehrmacht trug hohe Verluste davon.[16, Vgl.][50, Vgl. S. 317 ff.]

Erst am 10. Juni 1940 kapitulierte Norwegen, nachdem die französischen und britischen Truppen abgezogen waren, da Deutschland den Krieg vor allem auf die Westseite Europas verlagerte. Die frühe Kapitulation der neutralen Staaten Belgien, Luxemburg und Niederlande kamen der Wehrmacht entgegen.[16, Vgl.]

Am 10. Mai startete dann die Westoffensive gegen Frankreich. Zum kampflosen Einmarsch in Paris kam es am 14. Juni, unteranderem weil das Land innenpolitisch zwischen Krieg gegen Deutschland und einem Friedensabkommen gespalten war. Drei Tage später wurde ein Waffenstillstand mit der französischen Regierung vereinbart, welcher in einem historischen Salonwagen unterschrieben wurde. Diesen hatte Hitler extra aus einem Museum holen lassen, da Deutschland nach dem Ersten Weltkrieg hier ebenfalls ein Friedensabkommen unterzeichnen musste.[52, 35, Vgl.] Der Sieg über Frankreich erweiterte die ökonomische und strategische Position für die weitere Kriegsführung enorm, da die Ressourcen Frankreichs skrupellos ausgenutzt wurden.[50, Vgl. S. 317 ff.]

In der »Luftschlacht um England« musste die deutsche Wehrmacht nach hohen Verlusten allerdings aufgeben, da es nicht möglich war eine Lufthoheit zu erlangen und die Luftwaffe statt der Infrastruktur zu schwächen. Großbritannien wurde zu diesem Zeitpunkt schon von den USA unterstützt. Die Technik des Blitzkriegs erwies sich hier als nicht effektiv.

Italien trat am 10. Juni 1940 für Deutschland in den Krieg ein und es wurden gemeinsame Kämpfe in Libyen und Tunesien geführt.[50, Vgl. S. 318 ff.]

Anfang 1941 besaß Deutschland die Herrschaft über den europäischen Kontinent. Der Krieg war jedoch weder beendet noch gab es ein Konzept, mit dessen Hilfe man den Krieg hätte beenden können.[50, Vgl. S. 318 ff.]

Hitlers Plan lag weiterhin in Entscheidungen durch weitere offensive Kriegshandlungen. Nun wurde der Plan eines Angriffs auf den Erzfeind der NS-Ideologie, die kommunistische Sowjetunion, in die Tat umgesetzt. Mit einem Sieg wollte Hitler Großbritannien zu einem Friedensabkommen zwingen und Anerkennung für die deutsche Vormachtstellung in Europa gewinnen. Der Krieg musste allerdings bald beginnen, da die USA noch nicht vollständig kampfbereit waren. Ein Sieg jedoch würde auch weitere amerikanischen Interventionen verhindern.[16, 11, 21, Vgl.]

3.3.2 Ostfront

Im Krieg an der Ostfront konnte Hitler seinen eigentlichen Zielen, der »Lebensraumpolitik« und der Vernichtung des »jüdischen Bolschewismus«, nachkommen.[50, Vgl. S. 318–319] Außerdem versorgte die Sowjetunion Deutschland mit Nahrung und Rohstoffen, welche für die kommenden Kriege gegen die USA und Großbritannien nicht ausgereicht hätten. Dadurch wurde der Krieg auch zu einer ökonomischen Notwendigkeit, bei dem Deutschland auf Plünderungen angewiesen war.[47, Vgl.]

Das »Unternehmen Barbarossa« wurde trotz des Hitler–Stalin–Pakts bereits 1940 geplant. Am 22. Juni 1941 begann dann der Krieg gegen die Sowjetunion, obwohl es wieder keine Kriegserklärung gab. Deutschland stellte knapp 3,3 Millionen Soldaten und wurde von Ungarn, Bulgarien, Italien, Rumänien, Finnland und der Slowakei unterstützt. Der Krieg fand an einer extrem breiten Front statt, die sich von der Ostsee bis zum schwarzen Meer zog.[47, 16, Vgl.] Von Beginn an gingen die deutschen Truppen mit höchster Brutalität vor. So kam es zur Vernichtung von Juden und Ermordung von Unschuldigen und Kriegsgefangen.

Stalin und seine Generäle waren von dem frühen Kriegsbeginn überrascht. Sie mussten daher den Großteil der Westsowjetunion aufgeben und es kam zu großen Erfolgen auf deutscher Seite. Die Wehrmacht erlang riesige Gebietssiege und machte viele Gefangene, was die deutsche Bevölkerung beruhigte, da sie nicht mit Propaganda auf den Krieg an der Ostfront vorbereitet worden war.[47, 16, Vgl.]

Im Winter 1941/42 zeigte sich dann wie ineffektiv die Blitzkriegstrategie gegen die Sowjetunion war. Die Soldaten waren erschöpft, die Nachschubwege waren sehr lang und ausrüstungstechnisch war niemand auf den harten Winter vorbereitet.[50, Vgl. S. 319ff.][47, 10, Vgl.]

Erst am 5. Dezember holte die Rote Armee zum Gegenschlag aus und das Ziel der Wehrmacht, die Einnahme Moskaus, löste sich in Luft auf. Deutschland erlitt extreme Verluste durch Erfrierungen und die Landgewinne wurden immer geringer.[47, 10, Vgl.] Der große Vorteil der Sowjetunion bestand auch darin, dass Stalin angeordnet hatte alle Rüstungsbetriebe in das Uralgebirge und nach Sibirien zu verlegen. Dadurch waren sie in Sicherheit und die sowjetischen Truppen konnten dauerhaft versorgt werden. Des Weiteren bekamen sie Unterstützung von den USA und Großbritannien.[50, Vgl. S. 319][47, Vgl.]

Die deutsche Wehrmacht war mit dem Vorstoß in den Kaukasus restlos überfordert und es kam zur Schlacht um Stalingrad.[17, 16, Vgl.]

4 Die Schlacht um Stalingrad

4.1 Chronologie der Ereignisse

Als im Februar 1942 die Wehrmacht an der Einnahme Moskaus scheiterte sieht Hitler in den Ölfeldern des Kaukasus am kaspischen Meer eine neue Möglichkeit zur Versorgung der deutschen Truppen. Für das weitere strategische Vordringen bildet die Stadt Stalingrad den Ausgangspunkt. Mit dem *Fall Blau* ist der Sieg über Stalingrad geplant, welcher ein weiteres Vorrücken in Richtung Süden erlaubt, ohne zu laufen durch sowjetischen Truppen aus dem Norden eingekesselt zu werden.[24, 32, 28, 27, Vgl.]

Die Stadt Stalingrad liegt 1075 Kilometer südöstlich von Moskau und links vom Ufer der Wolga. 400 Kilometer südlich von Stalingrad mündet der Fluss in das kaspische Meer. Zur Zeit des Zweiten Weltkrieges hatte die Stadt ungefähr 600 000 Einwohner.[11][27, 28, 32, Vgl.]

Für den Krieg war Stalingrad von essentieller Bedeutung und ein weiteres Vorrücken in den Kaukausus war ohne den Fall von Stalingrad nicht möglich. Durch ihren Namen hatte sie einen starken Symbolcharakter für Stalin selbst und für die neue Wirtschaft der Sowjetunion. Außerdem war die Stadt ein wichtiges Zentrum der Kriegsmaschinerie, da sich hier viele Fabriken für Panzer, Kanonen, Geschütze und Munition befanden und war mit 600 000 Einwohnern eine der bedeutendstens Städte der Sowjetunion. Vor allem aber die Notwendigkeit von Stalingrad, als wichtiger Nachschubknoten für den Zweiten Weltkrieg, machte die Stadt zu einem extrem attraktiven Ziel. Die Wolga war der wohl wichtigste Versorgungsweg für über 30 Millionen Tonnen Ressourcen, davon neun Millionen Tonnen Öl, die unteranderem von den USA durch das kaspische Meer so an die Front gelangten. Eine Besetzung Stalingrads würde die amerikanischen Unterstützung weitgehend stoppen können.[25, 26, 32, 27, Vgl.]

Am 7. August begann die deutsche Sommeroffensive an der Ostfront gen Stalingrad unter der Führung von Generalmajor Friedrich Paulus. Die Truppen der Heeresgruppe Süd wurden geteilt, um gleichzeitig in Richtung Stalingrad und in Richtung des Kaukasus vorrücken zu können. In den ersten Wochen gab es durch die Blitzkrieg Strategie extreme Landgewinne von mehreren tausend Kilometern. Problematisch daran war, dass der Nachschub nicht mehr nachkam. Die sowjetischen Truppen rückten nämlich gezielt zurück und nutzen die ungeheure Ausdehnung der Sowjetunion. Der Plan von Marschall Timoschenko sah vor, dass man den Gegner gezielt in das Land einbrechen lies, bis sein Nachschub stockte. Dann flankierte man den Gegner mit kleinen gezielten Angriffen um seine Artillerie zu zerstören und möglichst viele Soldaten zu töten. Dadurch erlitt die Sowjetunion selbst sehr geringe Verluste an Mensch und Material und der Feind wurde geschwächt. Die Sowjets versuchten unter allen Umständen Zeit zu gewinnen, um Stalingrad als uneinnehmbare Festung ausbauen zu können, die in jedem Fall gehalten werden musste, und um die Gunst des russischen Winters nutzen zu können, an den in der Wehrmacht bisher keiner gedacht hatte.[43, Vgl. S. 8–9][28, Vgl.]

Bereits 30 Kilometer vor der Stadt kam es deshalb zu erbitterten Widerständen und der deutsche Blitzkrieg blieb »im Schlamm stecken«. Bei den deutschen Angriffen befanden sich teilweise Frauen und Kinder in der Roten Armee. Auf deren Tötung waren die deutschen Soldaten nicht vorbereitet worden und es stellte eine enorme psychische Belastung für sie dar.[27, Vgl.]

Mit der Bombardierung durch die deutsche Luftwaffe begann am 23. August 1942 ein Angriff auf Stalingrad, welcher besonders effektiv war, da die Stadt über keinerlei Luftabwehr verfügte. Stalin selbst hatte eine Evakuierung der Zivilbevölkerung verboten, damit diese beispielsweise beim Ausheben der Gräben helfen konnte und die Moral der Soldaten stärkte, weshalb es bei den

---

[11]1589 wurde Stalingrad als Festung gegründet, um Russland Schutz gegen die Nomaden zu bieten. Bis 1925 hieß sie Zarizyn und wurde dann in Stalingrad umbenannt. In Folge der Entmilitarisierung heißt sie heute Wolgograd, ist 10 Kilometer breit, 60 Kilometer lang und hat über eine Million Einwohner. Das macht sie zum administrativen und wirtschaftlichen Zentrum Russlands unterhalb der Wolga.[27, 28, 32, Vgl.]

Bombenangriffen mit insgesamt einer Million Bomben, mit einem Gesamtgewicht von 100 000 Tonnen, zu 40 000–100 000 Toten kam. Vor allem Unschuldige starben. Durch die vielen Bomben wurde allerdings auch die Infrastruktur und das Straßennetz zerstört, weshalb der Vorstoß der Deutschen verlangsamt wurde.

Am 25. August wurde in Stalingrad dann der Belagerungszustand ausgerufen. Die allgemeine Erwartung Hitlers, dass die Ressourcen der Sowjetunion bald aufgebraucht sein werden, sollte sich bei 4 500 Panzern, 3 000 Kampfflugzeugen, 14 000 Geschützen, 50 000 Granatwerfern und über 16 Millionen verfügbaren Leuten im kriegsfähigen Alter als fatal herausstellen.[43, Vgl. S. 11–12][26, 24, 28, 27, Vgl.]

Als der deutschen Wehrmacht am 13. September der Einmarsch ins Stadtzentrum gelang, wurde sie in Häuser– und Straßenkämpfen erneut mit einer neuen Art zu kämpfen konfrontiert, die sie bisher nicht gewohnt war. Die Sowjetunion setzte vollkommen auf den Guerillakrieg, bei dem kleinere Trupps durch die Kanalisation hinter die feindlichen Linien gelangten, um so möglichst viel Schaden anzurichten. Zusammen mit sowjetischen Scharfschützen wurde Stalingrad zu einem tödlichen Labyrinth aus Minen, Bunkern und Befestigungen. Die Soldaten sahen ihre Kameraden nun Seite an Seite sterben, wodurch die Wehrmacht teilweise stark demoralisiert wurde. Die Sowjetunion musste durch diesen sogenannten *Rattenkrieg* zwar hohe Verluste verkraften, konnte die Deutschen dadurch aber auch schwächen.[26, 27, Vgl.] Allein der Bahnhof wechselte in den Gefechten bis zum 22. September 15 Mal den Besitzer, bis er schließlich in deutsche Hände fiel.

Hitler gab Ende September bekannt, dass Stalingrad bald komplett in deutschen Händen sein würde. Am 11. und 12. November startete die Wehrmacht die letzte Offensive und erreichte beinahe die Wolga. Durch den kalten Winter fror die Wolga zu, über die die Rote Armee ihren Nachschub bezog. Weil der Fluss hier 1,5 bis 2 Kilometer breit war, gab es keine Brücken und es musste eine andere Gegenoffensive geplant werden, um Stalingrad nicht zu verlieren.[27, Vgl.]

Obwohl Stalingrad am 19. November zu 90% in deutschen Händen war, wurden die Positionen der Wehrmacht immer unsicherer. Der Nachschub wurde deutlich schwieriger, da mehrere tausend Kilometer bis zur Front zurückgelegt werden mussten und niemand mit Winterkleidung auf den russischen Winter vorbereitet war. Die Rote Armee besetzte jetzt nur noch einen kleinen Küstenstreifen und dennoch wurden die 62., 63., 64. und die 25. Armee eingesetzt, um in einer Gegenoffensive, mit über einer Million Soldaten, 14 000 Geschützen, 900 Panzern und 1 100 Flugzeugen, die Stadt zu halten beziehungsweise komplett zurück zu gewinnen.[32, 27, 26, 25, 24, Vgl.]

Die *Operation Uranus* startete am 19. November und sah vor, die deutschen Soldaten in Stalingrad durch eine Zangenoffensive einzukesseln. Nordwestlich von Stalingrad gelang der Roten Armee zwischen Serafimowitsch und Kletskaja ein Durchbruch der rumänischen Kampflinie. Durch die Bombardierung mit 3 500 Artilleriegeschützen wurde die schlecht ausgerüstete rumänische Armee zurückgeschlagen. Schlechtes Wetter begünstigte das Unterfangen, da die deutsche Luftwaffe so keine Gegenangriffe fliegen konnte. Dieser Teil der sowjetischen Armee sollte nun in Richtung Süden vorrücken, wohingegen der Durchbruchstrupp südlich von Stalingrad, welcher gegen die deutsche und 4. rumänische Panzerarmee gekämpft hatte, in Richtung Norden vorstürmen sollte (siehe dazu Abbildung 2 auf der Seite 16).[32, Vgl.] Durch den Durchbruch an der Front konnten die Truppen der Roten Armee zu den Rohstoffdepots der Deutschen vorpreschen und deren Nahrungs- und Rohstoffvorräte plündern. Für die komplette Einschließung war die Zeit nun reif, da die Wehrmacht in Gefechten innerhalb Stalingrads feststeckte, der russische Winter kam und die Truppen der Sowjetunion sehr gut ausgerüstet und vorbereitet waren.[32, 25, 27, Vgl.] Zum ersten Mal im Zweiten Weltkrieg traf die Wehrmacht nun auf einen Gegner, der ihr in Bezug auf die Panzerdivisionen und Flugzeuge ebenbürtig war und die deutsche Luftwaffe wurde in eine, bisher ungewohnte, defensive Position gedrängt.[32, Vgl.]

Am 22. November stießen die beiden sowjetischen Divisionen erfolgreich vor und konnten sich so

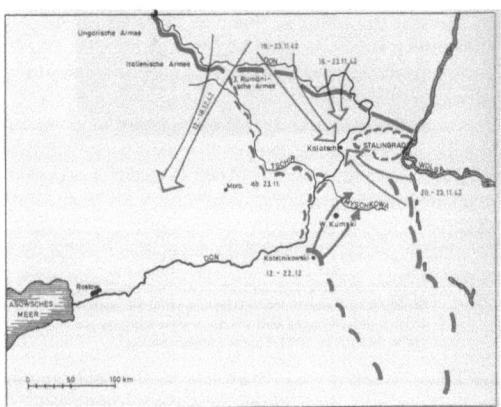

Abbildung 2: Die Zangenoffensive nördlich und südlich von Stalingrad. Die Rote Armee (rote Pfeile) durchbricht die italienische und deutsche Front (blaue Linien).[31]

westlich von Stalingrad vereinigen. Jetzt waren 250 000 deutsche und 30 000 rumänische Soldaten mit 1 800 Geschützen, 100 Panzern, 10 000 Transportfahrzeugen und 50 000 Pferden in Stalingrad eingeschlossen (siehe dazu Abbildung 3 auf der Seite 16). Das umfasste die gesamte deutsche 6. Armee, Teile der 4. deutschen Panzerdivision und die Überreste der 3. und 4. rumänischen Armee. Die Rote Armee besaß mit 10 000 Panzern gegenüber 1 000 deutschen Panzer eine 10–fache Übermacht.[43, Vgl. S. 15–16][26, 25, 27, Vgl.] General Paulus erkannte die Situation viel zu spät und hatte deshalb keine Chance mehr seine Truppen durch einen Rückzug aus der Gefahrenzone zu bringen.[26, 25, 32, Vgl.]

Allerdings erkennt Paulus, dass:[43, Vgl. S. 15–16][27, 25, Vgl.]

1.) Die Nachschubdepots in die Hände der Roten Armee gefallen sind, weshalb er keine Reserven mehr besaß und jedes, auch nur noch so kleine, Feuergefecht die Munitionsbestände drastisch reduzieren würde.

2.) Eine Luftversorgung für die ganze Armee mit 280 000 Soldaten niemals möglich sein wird.

3.) Die Wehrmacht keine weiteren Reserven mehr hatte, weshalb mit Verstärkung vorerst nicht zu rechnen war.

Daraus zog Paulus die Schlussfolgerung, dass die eingeschlossenen Soldaten in Richtung der deutschen Front durchbrechen müssten, um nicht unter zu gehen. Deshalb bittet Paulus Hitler am 24. November um die Genehmigung aus Stalingrad auszubrechen, da der Kessel immer enger wurde und die Nahrung rapide schwand.[43, Vgl. S. 16][25, 27, 26, 32, 28, Vgl.]

Für Hitler war Stalingrad aber ein Prestigesymbol, welches er unter allen Umständen halten wollte, weshalb er den Ausbruch aus dem 40 mal 50 Kilometer großen Kessel vernot und stattdessen auf Herrmann Göring, den Oberbefehlshaber der Luftwaffe, vertraute.[26, 25, Vgl.] Göring verspricht die Eingeschlossenen über eine *Luftbrücke* mit Hilfe des 8. Fliegerkorps versorgen zu können. Die Truppen in Stalingrad brauchten täglich allerdings zwischen 500 und 750 Tonnen Ressourcen, um überleben zu können.[26, 28, Vgl.]

Wie Paulus richtig vermutet hatte, war die Luftwaffe dieser Mammutaufgabe niemals auch nur ansatzweise gewachsen gewesen, da es hierfür an Ressourcen und Flugzeugen mangelte.

Abbildung 3: Der Kessel von Stalingrad mit den verschiedenen Fronten vom 22.11.1942 bis zum 02.02.1943 (blaue Linien), welche die Verkleinerung des Kessels durch das sowjetische Vorrücken zeigen.[7]

Täglich kam etwa ein Drittel der benötigten Ressourcen an, was im Schnitt etwa 95 Tonnen Versorgungsgüter waren. Die Soldaten waren komplett unterernährt, erschöpft und viele starben aufgrund dieser Unterversorgung. Es war nachts, trotz der eisigen Kälte von unter -40 Grad, verboten ein Feuer zu entzünden.[28, 27, 26, Vgl.]

Des Weiteren setzte die Rote Armee alles daran durch Luftabwehr und massenhaft Abfangjäger die Einflugschneisen der Luftbrücke zu behindern. In Kombination mit dem schlechten Wetter, war es sehr schwer als Pilot sein Ziel überhaupt zu erreichen. Dadurch ging etwa ein Drittel bis die Hälfte aller eingesetzten Flugzeuge verloren. Insgesamt verlor die Luftwaffe knapp 550 Flugzeuge, welche ungefähr fünf Geschwader oder mehr als einen Fliegerkorps ausmachte.[43, Vgl. S. 16–17][26, 27, 25, 28, Vgl.] Der Versorgungsrekord lag bei 289 Tonnen Gütern mit 154 Flugzeugen bei gutem Wetter und wenig Abfangjägern der Roten Armee. Es muss allerdings beachtet werden, dass von beispielsweise 350 Tonnen Gütern nur 14 Tonnen Proviant waren, von denen jeder Soldat im Schnitt 51 Gramm erhielt. Der Rest bestand aus Treibstoff für den Rückflug, für Panzer und für die dort stationierten Flugzeuge.[24, Vgl.]

Darum musste Paulus am 22. Dezember die Verpflegungssätze halbieren und die tägliche Ration bestand nun nur noch aus zwei Scheiben Brot, ein wenig Tee und ganz selten aus einer sehr wässrigen Suppe.[24, Vgl.] Bis zum Ende des Dezembers 1942 erlitten die Truppen in Stalingrad mehr als 40 000 Verluste.

Vom 12. bis zum 21. Dezember versuchte eine Deutschlandoffensive bis zum Kessel durchzubrechen, gelangte aber nur 48 Kilometer an Stalingrad heran. Die Offensive musste abgebrochen werden, da die Rote Armee bei italienischen Stellungen durchbrechen konnte und deshalb die Gefahr bestand, dass die gesamte Armee eingekesselt werden würde.[43, Vgl. S. 17–18][25, 28, 26, 27, Vgl.]

Hitler rief am 23. Dezember erneut zum Durchhalten der 6. Armee auf, weshalb er am 8. Januar 1943 auch das Verhandlungsangebot ablehnte. Drei Parlamentäre der Sowjetunion stellten ein 24 stündiges Ultimatum an Paulus zur ehrenhaften Kapitulation, welches er ablehnen musste. Eine Hintergehung Hitlers hätte für ihn, aufgrund des geschworenen Eids, die Todesstrafe bedeutet. Hitler wollte zu diesem Zeitpunkt immer noch nicht einsehen, dass Stalingrad verloren war.[25,

28, 26, Vgl.]

Die Rote Armee startete am 10. Januar ihren letzten großen Generalangriff mit Artillerieschlägen durch knapp 7 000 Kanonen, 250 Panzern und 212 000 Soldaten. Bereits am 18. Januar musste die Wehrmacht deshalb den Rückzug zur Stadtmitte antreten und der Kessel wurde immer enger gezogen, bis er schließlich nur noch aus zwei Hälften bestand. Anfangs konnten die Flugzeuge immerhin noch im kleineren Flughafen in Gumrak landen, später war das auch nicht mehr möglich. Der gesamte eingeschlossene Bereich war nur noch 24 Kilometer lang und 14 Kilometer breit.[43, Vgl. S. 18–19][27, 26, Vgl.]

Die letzte Chance auf eine Kapitulation wurde am 24. Januar vom starrsinnigen Hitler erneut unterbunden, welcher dann Paulus zum Generalfeldmarschall beförderte, um ihn zum *Kampf bis zur letzten Patrone* zu motivieren, da bisher noch kein General aufgegeben hatte.[27, 26, 25, Vgl.]

Generalfeldmarschall Paulus kapitulierte mit seinen Truppen im Südkessel am 31. Januar 1943 und der Nordkessel unter der Führung von General Strecker am 2. Februar. Nach 182 Tagen war die Schlacht um die Stadt Stalingrad beendet.[43, Vgl. S. 19][27, 26, 28, Vgl.]

Insgesamt starben über 150 000 Soldaten und 91 000 gerieten in Kriegsgefangenschaft, die beim Wiederaufbau von Russland helfen mussten. Von den Gefangenen kamen bis 1956 nur 6 000 zurück nach Deutschland, unteranderem Generalfeldmarschall Friedrich Paulus.[33, Vgl.][43, Vgl. S. 19][26, 28, Vgl.]

Abbildung 4: Kriegsgefangene in der Sowjetunion[40]

Die deutsche Propaganda scheiterte daran, die Niederlage der Wehrmacht in Stalingrad als Heldentot zu schildern, bei dem *alle* Soldaten gestorben seien. Die Schlacht um Stalingrad war die erste Niederlage der Wehrmacht und war damit besonders folgenschwer. Das Gesetz des Handels ging nun an die Rote Armee über und Deutschland konnte nicht mehr mit Blitzkriegen das Geschehen diktieren. Außerdem erkannten viele neutral–verbündete Staaten die Wende und damit die deutsche Niederlage an der Ostfront.[43, Vgl. S. 19][28, 25, 26, Vgl.]

Die Moral der Bevölkerung war erschüttert und nicht einmal Joseph Goebbels konnte das mit dem Ausruf des *Totalen Krieges* verhindern. Unmittelbar nach der Niederlage war in deutschen Großstädten die Jahreszahl »1918« zu lesen. Sie erinnerte an die deutsche Niederlage im Ersten Weltkrieg und zeigte den Umschwung der Bevölkerung.[28, 25, 27, 26, Vgl.]

4.2 Gründe für die deutsche Niederlage in Stalingrad

Die Gründe für die deutsche Niederlage in Stalingrad sind außerordentlich vielschichtig und vielfältig, weshalb ich nur auf die entscheidensten Ursachen eingehen werde.

Die deutsche Wehrmacht hatte den Einmarsch in die Sowjetunion viel zu spät begonnen, obwohl Hitler unter allen Umständen den Krieg im Winter vermeiden wollte, da hier Napoleon auch schon kläglich gescheitert war. Durch den verspäteten Start blieben die Truppen im Matsch des regnerischen Herbstes stecken und der Vorstoß verlangsamte sich enorm. Des Weiteren wurde der kalte sowjetische Winter extrem unterschätzt. Es war so kalt, dass sogar das Öl in den Fahrzeugen gefror, was ein Weiterkommen mit diesen unmöglich machte. Außerdem war nahezu niemand mit Winterkleidung vorbereitet gewesen, weshalb anfangs mehr Soldaten an Erfrierungen als im Kampf starben.[51, 27, 26, Vgl.]

Insbesondere die Ausrüstung und die nahezu unerschöpfliche Menschenmasse der Sowjetunion wurden klar unterschätzt. Während Hitler geglaubt hatte, dass die Ressourcen der Roten Armee bis zur Mitte des Winters erschöpft seien, strömten immer mehr Menschen nach, welche extrem verbittert kämpften, da sie bei einer Flucht von Erschießungskommandos hingerichtet werden würden. Die Wehrmacht konnte die großen Verluste zeitweise nicht mehr kompensieren, wohingegen die Rote Armee immer wieder neue Soldaten an der Front hatte.

Durch die besonders taktischen Generäle der Sowjetunion konnte der Krieg besonders effizient geführt werden. Dadurch kam es zu unerwartet erbitterten Widerständen. Die Schlachten um Leningrad oder Brest und später auch um Stalingrad verzögerten den schnellen Vorstoß immer weiter und der Winter kam näher und näher.[51, 27, 25, Vgl.]

Eines der deutschen Hauptprobleme, welches unteranderem zur Niederlage beitrug, war die mangelnde Versorgung der Front durch die nicht ausreichende Logistik. Durch die anfangs riesigen Landgewinne gab es große Nachschubprobleme. Hier wurde vor allem die Weitläufigkeit des Landes unterschätzt. Es gab in der Sowjetunion kaum Straßen, Eisenbahnen oder befahrbare Wege, weshalb der Nachschub mit Pferden organisiert wurde, was erheblich länger dauerte. So mangelte es auch in der Schlacht um Stalingrad an Munition, Nahrung, Granaten und vor allem Treibstoff. Dadurch kam die Offensive vor Stalingrad zum Stocken und die Schlacht verlagerte sich immer weiter in den Winter.[51, 28, 26, Vgl.]

Die deutsche Luftwaffe war ein weiteres großes Problem. Obwohl sie eine der stärksten Komponenten der Wehrmacht war, traten in der Schlacht um Stalingrad einige Probleme auf, die die Niederlage mit herbeiführten. In früheren Blitzkriegsaktionen konnte die Luftwaffe sehr schnell die gegnerischen Flughäfen und Flugzeuge ausschalten, um so ungestört gegen feindliche Panzer und Gefechtsstellungen vorgehen zu können. Das ebnete, zum Beispiel in Frankreich oder Polen, den Weg für das weitere schnelle Vordringen der Wehrmacht. Auch im Kampf an der Ostfront wurden teilweise über 2 000 sowjetische Flugzeuge an einem Tag zerstört, aber die wirklich wichtige Kriegsindustrie hatte Stalin weit ins Landesinnere verlegen lassen. Da die Luftwaffe aber keine Langstreckenbomber besaß, war eine Zerstörung der Industrie unmöglich. Dadurch konnte die Rote Armee immer mit massenhaft Munition, Granatwerfern, frischen Flugzeuge und Panzern ausgerüstet werden. In Kombination mit der Unterstützung durch die USA ging der Sowjetunion nie die Versorgung aus.[51, 27, 26, 25, Vgl.] Stattdessen bombardierte die deutsche Luftwaffe Stalingrad selbst, was den Vorstoß enorm verlangsamte und allgemein eher zur Niederlage beitrug.

Als Hitler die Heeresgruppe Süd teilen lies, um gleichzeitig den Kaukasus und Stalingrad zu erobern, war die Niederlage eigentlich schon absehbar. Es gab deutlich zu wenig Motorisierung, die Verbündeten waren viel zu schlecht ausgrüstet[12] und so war der Durchbruch an einer so breiten Front ein Kinderspiel für die Rote Armee. Vor allem aber erkannten die Generäle und Hitler viel zu spät, dass ein Rückzug der Heeresgruppe A im Kaukasus nötig war, damit man Stalingrad durch einen weiteren taktischen Rückzug zumindest temporär aufgeben konnte. So musste Stalingrad gehalten werden, damit die Truppen im Kaukasus nicht eingekesselt werden würden. Ein Rückzug aus Stalingrad selbst hätte bedeutet, dass man nur einen Teil der Truppen

---

[12]Die Soldaten hatten teilweise nur sechs Schuss oder wurden mit französischen Artilleriegeschützen ausgestattet, für die es keine Munition gab.

verloren hätte. Stattdessen wurde, auch nach dem die Truppen im Kaukasus sicher waren, der starrsinnige Befehl zum Halten Stalingrads gegeben, wodurch man alle Soldaten im Kessel verlor.[51, 27, 28, 25, Vgl.]

4.3 Auswirkungen der Niederlage in Stalingrad

4.3.1 Weiterer Kriegsverlauf

Die Hauptgegner des NS–Regimes waren Frankreich, die USA, Großbritannien und die Sowjetunion, wobei die USA anfangs nur Unsützung durch Rüstungsgegenstände beitrug, da innerhalb des Landes noch keine Mehrheit für einen Kriegseintritt herrschte.

Am 14. August 1941 einigten sich der US–Präsident Roosevelt, der britische Premierminister Churchill und einige Abgeordnete der Sowjetunion auf ein gemeinsames Vorgehen gegen das deutsche Reich und einige Prinzipien für die Nachkriegsordnung.[50, Vgl. S. 339] Diese Prinzipien wurden in der »Atlantik Charta« festgehalten. Teile des Versailler Vertrages sollten beibehalten werden, man wollte aber aus den Fehlern des Vertrags lernen. So sollten die Alliierten auf Gebietsgewinne verzichten, der freie Welthandel garantiert werden und die Selbstbestimmung des Volkes beibehalten werden.[50, Vgl. S. 339]

Anfang des Jahres 1942 traten die Sowjetunion und 25 weitere Staaten der Atlantik–Charta bei, welche die Grundlage für die Gründung der Vereinten Nationen (UNO) legte.[50, Vgl. S. 339]

Der deutsche Propagandaminister Goebbels rief am 18. Februar 1943 den *Totalen Krieg* aus und konnte so alle zivilen Kräfte, die zwischen 16 und 65 Jahre alt waren, für den Krieg einziehen. Aufgrund der aussichtslosen militärischen Lage wurden in den Jahren 1943/1944 wöchentlich hunderte Todesurteile gegen Saboteure oder Schwarzseher verhängt. Außerdem hatte der Massenmord an den Juden in den Vernichtungslagern in diesen Jahren seinen Höhepunkt erreicht.[50, Vgl. S. 338]

Die Juden mussten teilweise in der Flugzeug(motoren)industrie unter unmenschlichen Bedingungen arbeiten, da die Arbeitskraft trotz einer 72–Stunden Woche nicht ausreichte, um die Verluste zu kompensieren.

Die Alliierten versuchten derweil die deutsche Bevölkerung durch Flächenbombardements von allen Groß– und Mittelstädten zu demoralisieren. Bereits im Mai 1943 kapitulierten die italienisch-deutschen Afrikakorps in Marokko und Algerien.[50, Vgl. S. 339][5, 6, Vgl.] Im Juli 1943 landeten die Alliierten nach dem Sturz Mussolinis in Sizilien.

Die Invasion an der Atlantikküste in der Normandie fand am 6. Juni 1944 statt. Der Massenangriff mit knapp 150 000 Soldaten, 3 100 Landungsboten, 1 000 Kriegsschiffen und 7 500 Flugzeugen auf einer 100 Kilometer langen Küste war, trotz der hohen Verluste, äußerst erfolgreich und die Alliierten konnten so bereits Ende September die deutsche Grenze erreichen.[50, Vgl. S. 339][3, Vgl.] Im März 1945 brach die deutsche Westfront vollständig zusammen.

Die Sowjetunion begann ihre Offensive an der Ostfront im Januar 1945 und stand gegen Ende April vor den Toren Berlins, weshalb Hitler am 30. April 1945 Selbstmord beging. Am 2. Mai wurde Berlin nach einer verlustreichen Umzingelung eingenommen. Militärisch gesehen war der Zweite Weltkrieg am 25. April beendet, als sich sowjetische und amerikanische Truppen an der Elbe trafen. Für die Zivilbevölkerung spielte das keine Rolle mehr, da ab 1944 sowieso schon fast ganz Deutschland besetzt worden war.[50, Vgl. S. 339][5, 6, 3, Vgl.]

Am 7. Mai unterschrieben Vertreter der Wehrmachtsführung die *Bedingungslose Kapitulation Deutschlands* vor den Westalliierten und am 8. Mai vor der sowjetischen Militärführung (siehe dazu Abbildung 5 auf der nächsten Seite). Der Asienkrieg endete mit einer Kapitulation Japans am 2. September 1945, nachdem die USA Atombomben über Hiroshima und Nagasaki abgeworfen hatten.[50, Vgl. S. 340][5, 6, 3, Vgl.]

Abbildung 5: Generalfeldmarschall Wilhelm Keitel unterzeichnet die Kapitulationsurkunde am 8./9. Mai 1945 in Berlin-Karlshorst vor der sowjetischen Militärführung[20]

4.3.2 Beantwortung der Leitfrage

Die Schlacht um Stalingrad hatte ohne jeden Zweifel große Auswirkungen auf die Ostoffensive der Wehrmacht, doch war sie auch der Wendepunkt des Zweiten Weltkrieges?

Die erbitterte Schlacht hatte aus psychologischer Sicht gravierende Folgen für den weiteren Kriegsverlauf. Die verbündeten Staaten Deutschlands erkannten die Wende, beziehungsweise die Niederlage an der Ostfront und stellten sich noch während des Zweiten Weltkrieges innenpolitisch darauf ein. Des Weiteren hatte die Stadt Stalingrad einen großen Symbolcharakter. Hitler und die Wehrmacht scheiterten an der Einnahme dieses Prestigeobjektes, weshalb sich Stalin und die Rote Armee in ihrer Sache sehr bestärkt fühlten.[56, Vgl.] Aufgrund dessen, dass Hitler in Deutschland mit seiner Propangandastrategie den Sieg deutlich vor seiner Zeit zu feiern versuchte, war die deutsche Bevölkerung durch die Niederlage umso geschockter, die Kriegsmoral sank erheblich und die Warhnehmung wurde zum ersten Mal auf eine mögliche Niederlage im Krieg gelenkt.[30, 49, Vgl.] Auch das Vertrauen der Generäle in ihren unfehlbaren Führer Adolf Hitler sank drastisch, da sich in der Schlacht um Stalingrad gezeigt hatte, wie wenig Hitler von Kriegsführung verstand. Die Generäle hatten Hitler vor der Stärke der Roten Armee und vor einer Gegenoffensive gewarnt, doch er traf weiterhin sinnlose Entscheidungen, spielte die Gefahren des harten russischen Winters herunter und lies eine komplette Armee aufgrund seines Starrsinns innerhalb Stalingrads zurück. In der ersten großen Niederlage offenbarte die Wehrmacht, dass sie nicht unbesiegbar ist, was die Hoffnungen der Alliierten auf einen Sieg enorm erhöhte. Das wurde plötzlich für alle deutlich.[30, 25, 49, Vgl.] Es zeigte sich auch, dass die deutsche Blitzkriegtechnik gescheitert ist. In der Schlacht verlor die Wehrmacht enorm viele Ressourcen, Fahrzeuge und Soldaten, welche sie nicht mehr kompensieren konnte. Es war nur noch möglich die Ostfront kurzzeitig zu halten, bis man zurückziehen musste. Von einer Offensive war nichts mehr zu spüren. Besonders ausschlaggebend war allerdings, dass das Gesetz des Handelns an die Sowjetunion überging. Nach der Schlacht um Stalingrad diktierte Deutschland nicht mehr mit Handlungen das Geschehen, sondern die Sowjets gaben den Ton an.

Gegen die Aussage »Stalingrad als Wendepunkt des Krieges« spricht, dass der Krieg erst richtig mit dem Aufgeben der Westfront im März 1945 kippte. So gesehen wäre vor allem die Invasion der Alliierten in der Normandie, zumindest aus militärischer Sicht, ein weiterer möglicher Wendepunkt des Krieges.

Aus den oben genannten Gründen vertrete ich persönlich die Meinung, dass die Schlacht um

Stalingrad auf jeden Fall der psychologische Wendepunkt des Zweiten Weltkrieges war und aus militärischer Sicht eine extrem wichtige Rolle gespielt hat. Durch die hohen Verluste an Soldaten und Ausrüstung hatte die Niederlage in Stalingrad an der Ostfront eine gleichbedeutende Rolle wie die Invasion der Alliierten an der Westfront.

5 Literatur

[1] *1. September 1939: Beginn des Zweiten Weltkriegs.* URL: http://www.bpb.de/politik/ hintergrund-aktuell/69009/beginn-zweiter-weltkrieg-30-08-2010 (besucht am 03.09.2016).

[2] *Außenpolitik Hitlers.* URL: http://www.geschichte-abitur.de/drittes-reich/ns-ausenpolitik (besucht am 01.09.2016).

[3] *Berlin: Kapitulation mit Verzögerungen.* URL: http://www.wissen.de/das-ende-des-zweiten-weltkriegs-und-eine-doppelte-kapitulation/page/0/1 (besucht am 09.09.2016).

[4] *BPB – Der Weg in den Krieg.* URL: http://www.bpb.de/geschichte/deutsche-geschichte/der-zweite-weltkrieg/199397/der-weg-in-den-krieg (besucht am 31.08.2016).

[5] *Das Kriegsende 1945.* URL: https://www.dhm.de/lemo/kapitel/der-zweite-weltkrieg/ kriegsverlauf/kriegsende-1945.html (besucht am 09.09.2016).

[6] *Der 8. Mai 1945 – 71 Jahre Kriegswende.* URL: https://www.lpb-bw.de/kriegsende.html (besucht am 09.09.2016).

[7] *Der Kessel von Stalingrad.* URL: http://www.stalingrad-feldpost.de/Karten/UbSicht-Kessel/Kessel_F_Ang_G-bearb-27-10-05-verkl.jpg (besucht am 08.09.2016).

[8] *Der nationalsozialistische Völkermord an den Sinti und Roma.* URL: http://www.sintiundroma. de/sinti-roma/ns-voelkermord.html (besucht am 03.09.2016).

[9] *Der Schwarze Freitag 1929 der Beginn der Weltwirtschaftskrise.* URL: http://www. wasistwas.de/archiv-geschichte-details/der-schwarze-freitag-1929-der-beginn-der-weltwirtschaftskrise.html (besucht am 31.08.2016).

[10] *Der Überfall auf die Sowjetunion.* URL: https://www.dhm.de/lemo/kapitel/zweiter-weltkrieg/kriegsverlauf/sowjetunion (besucht am 03.09.2016).

[11] *Der Überfall auf Polen 1939.* URL: https://www.dhm.de/lemo/kapitel/der-zweite-weltkrieg/kriegsverlauf/ueberfall-auf-polen-1939.html (besucht am 03.09.2016).

[12] *Der Versailler Vertrag.* URL: https://www.dhm.de/lemo/kapitel/weimarer-republik/ aussenpolitik/versailler-vertrag.html (besucht am 30.08.2016).

[13] *Der Versailler Vetrag und seine Folgen.* URL: http://www.zeitklicks.de/weimarer-republik/zeitklicks/zeit/politik/die-krisenjahre/der-versailler-vertrag-und-seine-folgen/ (besucht am 30.08.2016).

[14] *Der Vertrag von Versailles – Der diktierte Frieden.* URL: http://www.deutsche-schutzgebiete. de/vertrag_von_versailles.htm (besucht am 30.08.2016).

[15] *Der Weg in den Zweiten Weltkrieg.* URL: http://www.dw.com/de/der-weg-in-den-zweiten-weltkrieg/a-17886813 (besucht am 31.08.2016).

[16] *Der Zweite Weltkrieg.* URL: http://www.bpb.de/geschichte/nationalsozialismus/ dossier-nationalsozialismus/39580/kriegsverlauf?p=all (besucht am 03.09.2016).

[17] *Der Zweite Weltkrieg.* URL: https://www.dhm.de/lemo/kapitel/zweiter-weltkrieg (besucht am 03.09.2016).

[18] *Deutschland im Jahre 1933.* URL: http://geschichtsverein-koengen.de/Hitler.htm (besucht am 31.08.2016).

[19] *Die Basis für Hitlers Weg zur Macht.* URL: `http://www.planet-wissen.de/geschichte/diktatoren/adolf_hitlers_lebensweg/pwiediebasisfuerhitlerswegzurmacht100.html` (besucht am 30.08.2016).

[20] *Die bedingungslose Kapitulation Deutschlands.* URL: `https://upload.wikimedia.org/wikipedia/commons/thumb/8/89/Wilhelm_Keitel_Kapitulation.jpg/1280px-Wilhelm_Keitel_Kapitulation.jpg` (besucht am 09.09.2016).

[21] *Die deutsche Westoffensive 1940.* URL: `https://www.dhm.de/lemo/kapitel/der-zweite-weltkrieg/kriegsverlauf/westoffensive-1940.html` (besucht am 03.09.2016).

[22] *Die Gleichschaltung der Länder.* URL: `https://www.dhm.de/lemo/kapitel/ns-regime/etablierung-der-ns-herrschaft/gleichschaltung-der-laender.html` (besucht am 31.08.2016).

[23] *Die NS-Außenpolitik.* URL: `https://www.dhm.de/lemo/kapitel/ns-regime/aussenpolitik.html` (besucht am 01.09.2016).

[24] *Die Schlacht um Stalingrad.* URL: `https://de.wikipedia.org/wiki/Schlacht_von_Stalingrad` (besucht am 06.09.2016).

[25] *Die Schlacht um Stalingrad.* URL: `https://www.dhm.de/lemo/kapitel/der-zweite-weltkrieg/kriegsverlauf/schlacht-um-stalingrad-194243.html` (besucht am 06.09.2016).

[26] *Die Schlacht um Stalingrad – Chronologie.* URL: `http://www.spiegel.de/sptv/special/a-231914.html` (besucht am 06.09.2016).

[27] *Die Schlacht um Stalingrad DokuN24.* URL: `https://www.youtube.com/watch?v=AUNBtesveyc` (besucht am 06.09.2016).

[28] *Die Schlacht von Stalingrad.* URL: `http://www.wasistwas.de/archiv-geschichte-details/die-schlacht-von-stalingrad.html` (besucht am 06.09.2016).

[29] *Die Schulden-Leistung Adolf Hitlers im Deutschen Reich 1933-1945 im Vergleich zum Wachstum des Sozialprodukts.* URL: `http://www.sgipt.org/politpsy/finanz/schuldp/hitler.htm` (besucht am 02.09.2016).

[30] *„Die Stalingrader Schlacht wurde zum Wendepunkt im 2. Weltkrieg", meint ein deutscher Historiker.* URL: `https://de.sputniknews.com/german.ruvr.ru/2013_01_30/Die-Stalingrader-Schlacht-wurde-zum-Wendepunkt-im-2-Weltkrieg-meint-ein-deutscher-Historiker/` (besucht am 10.09.2016).

[31] *Die Zangenoffensive durch die Rote Armee.* URL: `http://hschbtl851.de/wp-content/uploads/2013/11/karte2.jpg` (besucht am 08.09.2016).

[32] Philipp Faustmann. *Die Gründe der deutschen Niederlage im 2. Weltkrieg.* Grin Verlag, 2015.

[33] *Friedrich Paulus.* URL: `https://de.wikipedia.org/wiki/Friedrich_Paulus` (besucht am 06.09.2016).

[34] *Gebietsverluste nach dem Ersten Weltkrieg.* URL: `http://www.jugend1918-1945.de/thema.aspx?s=6410&m=6385&open=6410` (besucht am 31.08.2016).

[35] *Gegen Frankreich wurde der "Blitzkrieg" erdacht.* URL: `http://www.welt.de/geschichte/zweiter-weltkrieg/article140762623/Gegen-Frankreich-wurde-der-Blitzkrieg-erdacht.html` (besucht am 03.09.2016).

[36] Heinrich Gerlach. *Durchbruch bei Stalingrad.* Berlin: Galiani Verlag, 2016.

[37] *Geschichte kompakt – Gleichschaltung.* URL: `http://www.geschichte-abitur.de/drittes-reich/gleichschaltung` (besucht am 31.08.2016).

[38]   *Hitler, Mein Kampf. Eine kritische Edition.* URL: http : / / www . ifz - muenchen . de / aktuelles/themen/edition-mein-kampf/ (besucht am 31. 08. 2016).

[39]   *Hitlers Weltanschauung.* URL: http : / / www . zeitklicks . de / nationalsozialismus / zeitklicks/zeit/politik/ideologie/hitlers-weltanschauung/ (besucht am 03. 09. 2016).

[40]   *Kriegsgefangene in der Sowjetunion.* URL: https://upload.wikimedia.org/wikipedia/ commons/f/f3/Italian_soldiers_taken_prisoner_during_Operation_Compass.jpg (besucht am 09. 09. 2016).

[41]   *Lexikon drittes Reich – Vierjahresplan.* URL: http://www.lexikon-drittes-reich.de/ Vierjahresplan (besucht am 01. 09. 2016).

[42]   *Machtübernahme der "NSDAP": Diktatur in Deutschland.* URL: https : / / www . helles-koepfchen.de/artikel/2866.html (besucht am 01. 09. 2016).

[43]   Rainer Müller. *Die Schlacht von Stalingrad – Der Untergang der 6. Armee aus der Sicht des einfachen Soldaten.* Fachbereichsarbeit Geschichte und Sozialkunde. Fachbereichsarbeit Geschichte und Sozialkunde. 1997/1998.

[44]   *Nationalsozialistische Außenpolitik.* URL: https://www.lernhelfer.de/schuelerlexikon/ geschichte/artikel/nationalsozialistische-aussenpolitik (besucht am 01. 09. 2016).

[45]   *Nationalsozialistische Innenpolitik.* URL: https://www.lernhelfer.de/schuelerlexikon/ geschichte/artikel/nationalsozialistische-innenpolitik (besucht am 31. 08. 2016).

[46]   *Nationalsozialistische Rassenlehre.* URL: http://www.planet-wissen.de/geschichte/ nationalsozialismus/nationalsozialistische_rassenlehre/index.html (besucht am 03. 09. 2016).

[47]   *Ostfeldzug – Der Weg ins Inferno.* URL: http : / / www . zeit . de / 2011 / 23 / Zweiter-Weltkrieg-Osten/komplettansicht (besucht am 03. 09. 2016).

[48]   *Schulden im Dritten Reich: Wir Kriegsgewinnler.* URL: https://freierblick.wordpress. com/2012/06/26/schulden-im-dritten-reich-wir-kriegsgewinnler/ (besucht am 01. 09. 2016).

[49]   *Stalingrad, der Anfang vom Ende.* URL: http://www.sueddeutsche.de/politik/zweiter-weltkrieg-stalingrad-der-anfang-vom-ende-1.1418013 (besucht am 10. 09. 2016).

[50]   Rudolf Berg M.A. u.a. *Kursbuch Geschichte – Oberstufe Baden–Württemberg – Gesamtband Neubearbeitung.* Berlin: Cornelsen Verlag, 2010.

[51]   *Warum verlor Deutschaland den Zweiten Weltkrieg?* URL: http://www.geschichtsthemen. de/deutschland_im_wk2.htm (besucht am 09. 09. 2016).

[52]   *Wie Hitler vor 70 Jahren Frankreich überrannte.* URL: http : / / www . welt . de / kultur / article6922712/Wie-Hitler-vor-70-Jahren-Frankreich-ueberrannte.html (besucht am 03. 09. 2016).

[53]   *Wikipedia – Bolschewismus.* URL: https://de.wikipedia.org/wiki/Bolschewismus# Nationalsozialismus (besucht am 03. 09. 2016).

[54]   *Wikipedia – Dolchstoßlegende.* URL: https://de.wikipedia.org/wiki/Dolchsto%C3% 9Flegende#Rolle_im_Nationalsozialismus (besucht am 30. 08. 2016).

[55]   *Wikipedia – Völkerbund.* URL: https : / / de . wikipedia . org / wiki / V%C3%B6lkerbund (besucht am 30. 08. 2016).

[56]   *Zweiter Weltkrieg: Stalingrad gilt als Wendepunkt des Krieges.* URL: http://www.mz-web. de/politik/zweiter-weltkrieg-stalingrad-gilt-als-wendepunkt-des-krieges-6739894 (besucht am 10. 09. 2016).